do **V** *pièce*
19696

353

NOTICE

SUR LES

PROCÉDÉS de CONSTRUCTION

EN MURS CREUX

Système NASOUSKY

Brevetés en France et à l'Etranger

Principaux Brevets Français : n°s 422 564
453 896
478 046
Addition :   18 646

TÉLÉPHONE : ÉLYSÉES 04-62

3, RUE DE SURÉNE
PARIS (VIIIe)

Les brevets NASOUSKY s'appliquent à un nouveau mode de construction de murs creux au moyen d'éléments en ciment moulés d'avance en série.

Ce système de construction permet d'édifier des murs creux d'une grande solidité et d'une étanchéité parfaite, obtenues par la combinaison de clés hydrofuges reliant intimement les deux parements.

Les méthodes employées sont simples et parfaites; elles permettent l'adaptation sans limite de tous les genres et styles, qu'il s'agisse de constructions modestes ou importantes, de maisons ouvrières ou usines, de villas ou d'immeubles de rapport, de monuments religieux ou d'églises.

Les avantages caractéristiques résultant de l'emploi des procédés NASOUSKY sont :

L'étanchéité.

L'économie,

La solidité,

La beauté.

ÉTANCHÉITÉ.

Les constructions exécutées suivant les procédés brevetés NASOUSKY sont absolument étanches, non seulement au point de vue humidité, mais aussi au point de vue calorique, la disposition des éléments laissant toujours dans les murs un vide, un matelas d'air à circulation constante et dans tous les sens. Il n'existe, en effet, entre les deux parements du mur aucune communication susceptible de transmettre, par capillarité, l'humidité de l'extérieur.

Ce procédé de construction réunit à ce point de vue tous les avantages qu'on obtenait précédemment par l'emploi du contre-mur et cela sans les inconvénients, les sujétions et surtout l'augmentation des prix qui en résultait.

Il n'existe aucun autre procédé de construction dans lequel le vide intérieur soit aussi absolu que dans le procédé actuel. Dans les autres systèmes un vide partiel existe quelquefois, mais interrompu par des liaisonnements qui ne sont nullement hydrofuges et au travers desquels l'humidité s'infiltre soit par capillarité à travers la la pierre elle-même, soit par l'intermédiaire de joints qui font communiquer l'extérieur à l'intérieur.

Par l'emploi des procédés NASOUSKY, le mur, quelle que soit son épaisseur, est en deux parties bien distinctes dont l'une constitue le parement extérieur, et l'autre le parement intérieur; or, ces deux parties n'ont de contact en aucun point, tout en étant cependant rendues solidaires l'une et l'autre et reliées par des *clés hydrofuges* absolument incapables de transmettre l'humidité.

ÉCONOMIE.

L'économie résultant de l'emploi des procédés NASOUSKY porte sur les matériaux, le matériel et la main-d'œuvre.

L'économie des matériaux s'explique par la proportion considérable du vide intérieur, par le peu d'épaisseur des pierres rendue possible par leur forme et leur mode de montage qui font qu'il n'entre dans la construction qu'un minimum de matières, (les mêmes pierres pouvant être employées dans des murs de différentes épaisseurs), et que la quantité de mortier nécessaire pour le maçonnage est infime.

En outre, l'emploi de ces procédés permet une suppression complète des enduits extérieurs et des plâtres intérieurs.

La beauté des parements donne extérieurement aux constructions l'aspect de la pierre. Intérieurement une paroi parfaitement plane permet le collage direct du papier de tenture sur le mur, sans l'intermédiaire de l'enduit au plâtre, sauf sur les joints.

L'économie de matériel résulte de la simplicité et de la perfection des méthodes de moulage et |de fabrication des pierres. Il n'est pas besoin de presses, de balanciers ou de machines spéciales coûteuses, le matériel courant sera donc toujours suffisant.

L'économie de main-d'œuvre vient de ce que les pierres peuvent être moulées et fabriquées par des femmes ou des jeunes gens après un apprentissage de quelques heures et que leur montage, leur légèreté, leur manutention et leurs dimensions permettent à un maçon ordinaire, assisté d'un manœuvre, de construire de deux mètres cubes à deux mètres cubes et demi de maçonnerie par journée de travail.

SOLIDITÉ.

Malgré le peu de matières employées, malgré la proportion considérable du vide intérieur des murs, la solidité des constructions édifiées suivant les procédés NASOUSKY est remarquable. L'ancienneté relative de certaines de ces constructions en est une preuve incontestable.

A dimensions égales, un mur NASOUSKY a plus de résistance et supporte mieux les poussées qu'un mur ordinaire, et cela en raison du système d'accrochage par clés, rendant étroitement solidaire l'un de l'autre les deux parements, ainsi que les assises et aussi, disons-le, a raison de la forme des pierres qui a été scientifiquement déterminée.

La souplesse de ce procédé est tellement grande qu'elle a permis a l'architecte de l'église de Saint-Léon de faire la voûte de la nef sur une largeur de dix mètres sans avoir recours aux contre-arcs et arcs-boutants qui généralement épaulent la poussée des voûtes.

BEAUTÉ.

Par l'aspect agréable des matériaux, et principalement par leur assemblage, cette maçonnerie donne en exécution l'impression d'une construction en pierre de taille soigneusement appareillée.

Pour la construction des églises, est organisé un service technique chargé de l'étude. et de l'exécution des modèles et des moules, de la stéréotomie et de l'appareil des pierres, afin de faciliter le travail de l'entrepreneur, et de permettre à l'architecte d'aborder tous les styles et de donner libre cours à son talent dans l'ensemble et dans les détails.

Pour s'en rendre compte, il n'y a qu'à jeter les yeux sur la liste des constructions déjà faites par ces procédés et sur les photographies qui accompagnent ces lignes.

Les procédés NASOUSKY comprennent un système avec clef rectangulaire et un système avec clef cruciforme.

Ces clés sont mobiles.

CONSTRUCTIONS AVEC CLEF RECTANGULAIRE

Ce procédé de construction se compose de deux parements reliés ensemble par une clef hydrofuge munie de deux tenons s'emboîtant dans la queue de chaque élément formant ailette et munie d'une encoche à la partie supérieure.

Les angles comportent à une des branches une queue d'aronde permettant l'accrochage de l'élément dans le béton de remplissage.

Les grands piedroits sont formés de deux pièces; le joint se trouve sur la face du tableau qui doit être rempli de mortier hydrofuge.

Le petit piédroit est également en deux pièces reliées par une clef hydrofuge : le béton coulé dans les angles doit être hydrofuge.

Ce système sera employé de préférence pour constructions en murs d'épaisseur moyenne de o m. 26 à o m. 40 environ. Les murs de refend. ainsi que les cloisons peuvent être faits avec pierres normales en les disposant comme il est indiqué au dessin. Voir planche A.

La planche B représente la façade d'un mur. La première assise est construite en éléments de dimensions normales, et l'appareil permet de ménager les ouvertures sans faire aucune coupe.

La planche C représente toutes les formes de pierres nécessaires pour une construction courante, faites dans le même coffre en fonte, avec membrons de différentes formes permettant d'obtenir la forme spéciale de chaque élément.

Les constructions faites avec ce procédé sont les suivantes :

Presbytère de NOTRE-DAME de Bon Secours, à GRAVILLE SAINTE-HONORINE.

Pavillon à CRIQUETOT (Seine Inférieure),

    ,   à SAINT-ROMAIN (Seine Inférieure),

    ,   PHILIPPE et DUCROT. rue du Commerce, LE HAVRE,

COUVENT du BON PASTEUR, au HAVRE,

ATELIER, Imprimerie du XXe siècle, GRAVILLE-SAINTE-HONORINE.

Cité ouvrière, Magasins, Salle de fêtes, à SERQUIGNY.

    ,   à GOURNAY, près HARFLEUR,

D'autres très importantes sont en cours d'exécution.

CONSTRUCTIONS AVEC CLEF CRUCIFORME

Le système des murs avec clés cruciformes a été combiné pour murs de grandes épaisseurs, o, 5o et plus, devant offrir beaucoup de résistance.

La forme des éléments est identique à celle des éléments pour clef rectangulaire, seule la clef diffère; l'intérieur du mur est rempli de béton maigre, une chambre air est ménagée dans l'axe du mur, au moyen d'un dispositif spécial, et pour réaliser une liaison étroite entre les parements extérieurs et intérieurs, on place la clef cruciforme hydrofuge qui relie les deux parements d'une façon parfaite et se trouve noyée dans le béton. Voir planche D.

Ce procédé a été employé pour :

L'Église SAINT-LEON, au HAVRE.

⟩ NOTRE-DAME DES NEIGES, .GRAVILLE-SAINTE-HONORINE (Seine Inférieure).

L'Église SAINTE-CÉCILE, au HAVRE.

⟩ NOTRE-DAME de LOURDES, à SOTTEVILLE-LES-ROUEN.

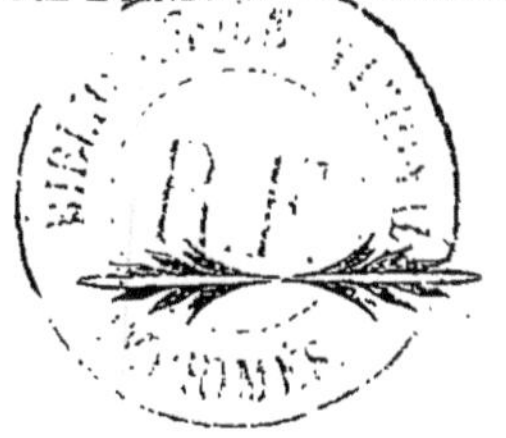

Eglise de Notre Dame de Bon Secours à Graville-St-Honorine

Eglise 9 de Notre Dame de Bon Secours, à Graville-Ste-Honorine. Façade.

Eglise de Notre Dame des-Neiges, Graville-Sᵗ Honorine, Chevet.

Église de Notre Dame des-Neiges, Graville-St-Honorine. Chœur.

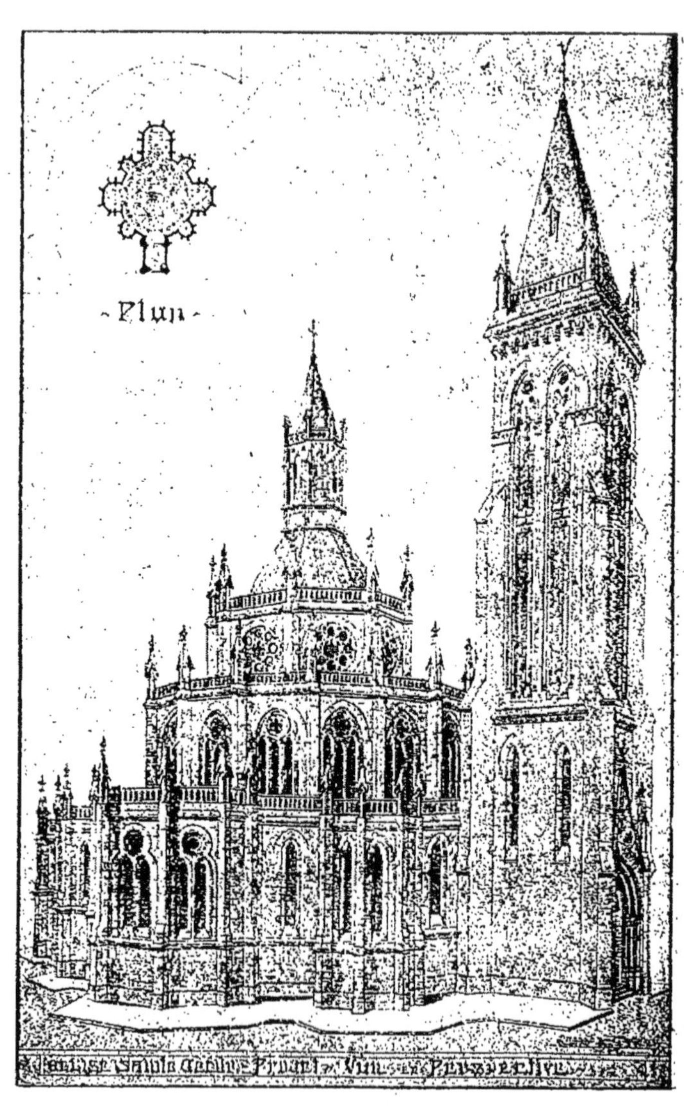

(en cours d'exécution)

Eglise Ste Cécile à Graville-Ste-Honorine (état au 1er Décembre 1918).

en cours d'exécution).

Eglise St-Léon du Havre, Colonnes de la Nef

Egl'se S¹ Léon du Havre. Bas-côté.

Eglise St-Léon du Havre. Arcatures de la Nef.

[Eglise St Léon du Havre. Bas-côté

Eglise S Léon du Havre. La Nef.

Eglise St-Léon du Havre. Tribune.

Eglise Saint Léon
_ du Havre _
Construite sous les ordres
de Mr Nankowsky Arch.
en l'an 1914

Usine Janson, à Serquigny. Cité ouvrière.

Pavillon avec Maison ouvrière, au Havre.

Cité ouvrière de l'Usine de Gournay, prè Le Havre.

Cité ouvrière de l'Usine de Gournay, près Le Havre.

Cité ouvrière de l'Usine de Gournay, près Le Havre. (Atelier de fabrication des éléments).

Usine Janson, à Serquigny. Cité ouvrière, Salle des fêtes et École.

Imprimerie du XXe siècle, à Gra...le-Ste-**Honorine.** (en construction

Imprimerie

E. RASQUIN

17, rue des Sts-Pères

Paris